PROCÈS
DE M. LEDRU-ROLLIN,
DÉPUTÉ DE LA SARTHE.

DÉCLARATION
DE SUSPICION LÉGITIME
CONTRE
LE JURY DE LA SARTHE.

> Et vous, procureur-général, qui vous donne l'investiture? le ministère. Moi, électeur, je chasse les ministres. Au nom de qui parlez-vous? au nom du roi! Moi, électeur, l'histoire est là pour le dire, je fais et je défais les rois.

PRIX : 15 CENTIMES.

PARIS,
AU DÉPOT CENTRAL DES ÉCRITS POPULAIRES,
DUFAY, ÉDITEUR, rue de Verneuil, 34 bis.

1841.

PROCÈS LEDRU-ROLLIN,

DÉPUTÉ DE LA SARTHE.

DÉCLARATION
DE SUSPICION LÉGITIME
CONTRE
LE JURY DE LA SARTHE.

> Et vous, procureur-général, qui
> vous donne l'investiture? le mi-
> nistère. Moi, électeur, je chasse
> les ministres. Au nom de qui par-
> lez-vous? au nom du roi. Moi,
> électeur, l'histoire est là pour le
> dire, je fais et je défais les rois!

COUR DE CASSATION.

Audience du 8 octobre — Présidence de M. Bastard.

Un public nombreux se presse dans la vaste enceinte de la Cour de cassation, ordinairement si
déserte.

M. Ledru-Rollin est entouré de ses collègues et
d'une foule d'avocats à la Cour royale.

A midi l'audience est ouverte, et M. le président donne la parole à M. le conseiller-rapporteur.

M. Bresson rappelle succinctement que M. Ledru-Rollin et M. Hauréau, par suite d'une évocation de la Cour royale du département de la Sarthe, sont traduits devant le jury de ce département, le premier, pour sa profession de foi politique aux électeurs qui l'ont envoyé à la Chambre des députés en remplacement de Garnier-Pagès ; le second, pour avoir reproduit, avec approbation, dans le *Courrier de la Sarthe*, cette même profession de foi. M. le rapporteur fait ensuite connaître à la Cour que les délits reprochés à MM. Ledru-Rollin et Hauréau sont : 1° attaque contre le principe et la forme du gouvernement établi par la Charte de 1830 ; 2° attaque contre l'autorité et les droits des Chambres ; 3° attaque contre le respect dû aux lois ; 4° enfin, excitation à la haine et au mépris du gouvernement.

Après avoir dit que M. le procureur-général a demandé le renvoi pour cause de suspicion devant un autre jury que celui de la Sarthe, M. Bresson termine son exposé par la lecture de la requête présentée à l'appui de cette demande en renvoi.

M. le Président : Me Ledru-Rollin, vous avez la parole.

Me Ledru-Rollin (mouvement général d'attention).

Peut-être pourrait-on s'étonner, messieurs, de

me voir à cette barre venant défendre moi-même une cause qui, au premier aperçu, semble m'être personnelle.

S'il en était ainsi, si ce procès était véritablement le mien, croyez bien que, sachant tout ce qu'une semblable situation peut enlever de calme et d'autorité à la parole, je me serais abstenu ; je n'avais qu'à choisir, au milieu des grandes renommées politiques, des illustres amitiés qui s'offraient à moi, un défenseur et un appui.

Mais personne, dans cette enceinte ni au dehors, ne saurait s'y méprendre : je suis, dans cette cause, l'occasion ou le prétexte ; ce qui est véritablement en question, c'est la liberté de conscience, l'indépendance du corps électoral, la souveraineté nationale dont la Charte, par une fiction, le suppose l'expression fidèle. (Marque d'adhésion.)

De quoi s'agit-il, en effet? Est-ce par hasard d'un discours prononcé sans nécessité, par pure fantaisie, pour semer à plaisir le trouble et la discorde? Nullement.

En vertu d'un droit constitutionnel, un candidat est appelé par ses concitoyens à confesser sa foi, sa religion politique; cet homme au cœur chaud, à l'âme ardente et sympathique, laisse avec confiance déborder son cœur et son âme; à ses yeux, ce rapport suprême entre le candidat et l'électeur emprunte quelque chose du caractère religieux, et doit être absolu, sans réserve, à peine de se déshonorer au tribunal de sa conscience.

Et cette âpre franchise, ces vœux en faveur du peuple ne sont pas restés sans échos : le nom du candidat a été proclamé à la presque unanimité.

Tout semblait donc consommé, car, candidat et électeurs, chacun avait rempli son devoir.

Voilà cependant qu'un corps inamovible, animé par je ne sais quel souffle fatal, ou par je ne sais quel souvenir suranné de la turbulence parlemèntaire, s'en prend au discours du député, couvert désormais, cependant, par la souveraineté du collége, et renvoie son auteur sur les bancs d'une Cour d'assises.

Vous rappellerai-je ici, messieurs, le cri d'étonnement qui à cette incroyable nouvelle s'est élevé de toutes parts? Vous le savez, les amis mêmes les plus dévoués de ce gouvernement se sont profondément émus de cette entreprise inattendue, de ce conflit exorbitant qui déplaçait la base de la souveraineté nationale, et la transportait du corps électoral dans quelques compagnies parlementaires ; ils ont senti que c'en était fait du gouvernement représentatif, dont la partie dirigeante, impulsive, doit prendre ses racines dans l'élection, racines qu'on essayait de fixer dans un sol inamovible: ils ont compris qu'avec ce système, la représentation nationale, la pondération des pouvoirs n'étaient plus qu'un mot ; qu'il n'y aurait plus en France qu'un monarque et des sujets, puisque la pairie est à l'élection du roi, que la magistrature est nommée par le roi, et que les corps électoraux deviendraient les justiciables de la justice du roi. Aux yeux mêmes des conservateurs les plus déclarés, des amis les plus sincères de ce gouvernement, c'était donc le pouvoir absolu, moins la garantie de la pairie héréditaire.

Eh bien ! messieurs, ce n'était pas tout. Un spectacle plus étrange encore devait nous être donné ; une fois sorti de la constitution, il faut marcher de faute en faute, d'abîme en abîme, et après avoir commis cette énormité constitutionnelle, de vouloir faire juger un collége électoral, au premier degré par une Cour royale, au deuxième degré par un jury, c'est-à-dire le plus par le moins, le jury naturel ne suffit déjà plus à la passion, à la haine; il faut un jury choisi, un jury d'exception ; qu'on me permette le mot, une commission de jury; en un mot, messieurs, pour 123 électeurs qui ont exercé leurs droits d'une manière indépendante, mais calme, on vient vous demander de mettre en suspicion près de 3,000 jurés; plus encore, de déshériter de ses droits un département tout entier, composé de près de 5oo,ooo citoyens ; de renouveler enfin , de par arrêt , la loi des suspects. (Mouvement prolongé.)

Et pour vous demander, messieurs, cette suspension des droits, cette grande mesure exceptionnelle, la patrie est sans doute en danger ; quelque vaste complot est prêt à fondre sur elle ? Elles doivent être bien puissantes, d'un ordre bien relevé, les raisons qui justifient cette mise hors la loi.

Cependant, messieurs, rien de pareil n'est invoqué, et même, vous le croiriez à peine, c'est au nom de la défense seulement, par intérêt, par tendresse pour les accusés, qu'on sollicite ce renvoi de votre bienveillance paternelle ; on craindrait que, dans ce département, les passions politiques ne se déchaînassent contre moi !

Subterfuge grossier ! détestable hypocrisie ! Procureur-général, frappez, mais ne mentez pas !... (Mouvement.) Voyons, jetons le masque ; interrogeons-nous en présence de ce tribunal suprême, de cette foule assemblée ; procureur-général, répondez : si dans la ville du Mans ma condamnation vous eût paru certaine, m'auriez-vous environné de ce bienveillant intérêt ? Le renvoi pour suspicion légitime, l'auriez-vous demandé ? La conscience publique répond pour vous : non, non ; vous ne l'auriez pas fait. Vos faux-semblants de justice sont donc maintenant appréciés ; l'on sait que penser de votre catilinaire.

Mais passons aux détails. Et d'abord, vous vous fondez sur ce que le jury, composé en partie d'é-lecteurs, ne verrait dans ce débat judiciaire que la continuation de la lutte politique, et, à vos yeux, le jury manquerait, dans cette appréciation, de calme et de sérénité !

Vous avez donc oublié que c'est justement pour les luttes politiques que la loi a établi la compétence spéciale du jury? Elle a voulu que l'élément mobile de la société pût seul apprécier les causes politiques ; car ce qui serait un crime pour un corps inamovible, stationnaire, peut ne pas l'être pour le jury, majorité progressive et avancée de la nation. Vous avez donc oublié que, partout où cette cause sera portée, son caractère demeurera le même, partout elle sera la suite d'une lutte électorale, partout elle sera appréciée par le jury, et partout le jury sera composé d'électeurs? Pour être conséquent à votre principe, il faudrait donc écarter la juridiction du jury, et porter dans l'enceinte étroite d'un tribunal correctionnel ce solennel débat. N'est-ce point de votre part le prélude d'un retour vers les tribunaux d'exception?

Vous dites que le jury pourrait être intimidé par des manifestations extérieures ; mais si, au Mans,

comme dans toutes les importantes cités, la garde
nationale a porté ombrage, si elle est dissoute, si,
au mépris de la loi, on ne pense plus à la reconsti-
tuer, n'avez-vous point une garnison nombreuse
qui sache faire respecter le temple des lois? Vous
êtes obligé de reconnaître que la ville est tranquille;
mais une émotion populaire, dites-vous, pourrait y
éclater. Rassurez-vous; dans cette cité intelligente,
le pouvoir municipal est aux mains de la démocratie,
ses premiers magistrats sont des hommes de cœur
et d'énergie, et on aurait passé sur leur corps avant
de jeter la ville dans un tumulte insensé.

Vous ajoutez encore que les jurés, après leur verdict, pourront avoir à subir une ovation séditieuse
ou les témoignages d'un blâme insolent. Après leur
verdict, peu vous importe. Justice sera faite alors,
leur mission sera remplie; et, pour changer le lieu,
je le répète, vous ne changerez ni l'importance de
la question, ni les témoignages éclatants de sympa-
thie dont elle sera partout l'objet.

Vous dites enfin que le jury de la Sarthe manquerait d'impartialité. Ici j'ai à vous répondre mieux
que par des paroles; des chiffres vont parler. Un savant illustre, de grands mathématiciens, MM. Arago,
Mathieu et Liouville, se sont livrés à des calculs de
probabilité, et il résulte d'un travail irrécusable,
que, en supposant 1,500 jurés, dont 123 électeurs

qui m'ont honoré de leurs suffrages, il y aurait
quarante-neuf à parier contre un que, sur la liste
spéciale des trente-six jurés de jugement, il ne sor-
tirait pas plus de six électeurs.

N'est-ce donc point assez de quarante-neuf chances
contre une pour votre haine? N'est-ce point assez
surtou quand vous avez neuf récusations à exercer?

Mais, depuis ce calcul, il a été reconnu que la
liste générale du jury, au lieu de 1,500 noms, en
contient 2,669. Ainsi, au lieu de quarante-neuf
chances, vous en avez plus de quatre-vingt-dix-huit
pour me faire condamner. Parlez donc encore de
votre impartialité!

Qu'entendez-vous, au surplus, par ces mots :
être impartial? Être impartial, n'est-ce pas juger
avec vous, penser comme vous? La constitution
confère à certains citoyens le double titre d'électeur
et de juré; l'électeur a rempli son devoir avec conscience; on traduit devant lui, juré, le député de
son choix, et on le récuse en lui disant : Vous n'ê-
tes pas impartial, car vous avez voté contre nos opi-
nions. — Mais, répondra le juré, j'ai exercé un
droit souverain, inviolable, et vous n'avez pas la
faculté de l'apprécier : entre nous, il n'y a pas de
juge; je me trompe, il y en a un; ce juge, c'est moi,
car moi, électeur, je suis l'opinion publique. Et
vous, procureur-général, qui vous donne l'investi-
ture? le ministère. Moi, électeur, je chasse les mi-

nistres. Au nom de qui parlez-vous ? au nom du roi. Moi, électeur, l'histoire est là pour le dire, je fais et je défais les rois. (Mouvement prolongé dans l'auditoire.) Procureur-général, à genoux, à genoux donc devant ma souveraineté ! Discuter mon impartialité, c'est porter la main sur ma couronne électorale. (Nouveau mouvement, signes unanimes d'adhésion.)

Voilà, messieurs, les hautes vérités qui ressortent de cette cause.

Je devais vous les rappeler au nom du jury dont on essaie de fausser l'institution en le déplaçant d'abord, pour le dépouiller ensuite de sa principale prérogative: la connaissance des causes politiques;

Au nom du collége électoral qui m'a envoyé pour défendre les droits du peuple, et dont il est de mon devoir de faire respecter les vœux;

Au nom du corps électoral de France, dont l'indépendance n'a jamais été si audacieusement, si brutalement attaquée;

Au nom de votre propre dignité, messieurs : car le ministère qui pèse sur la France n'est que d'un jour; que dis-je ? il a déjà passé; mais votre institution est grande, elle vivra dans le temps. Votre histoire est noble et pure, voudriez-vous aujourd'hui y faire une tache? Je vous ai fait connaître toute l'étendue de la responsabilité; à vous le choix !

Tels sont, en entrant ici, les seuls soins qui me

préoccupaient; car pour moi, messieurs, pour le jeune écrivain, homme savant et dévoué, qui m'accompagnera sur les bancs de la Cour d'assises, je n'aurais rien eu à vous dire; partout où vous nous enverrez, nous espérons, messieurs, retrouver le pays.

Qu'aurais-je pu vous dire, au surplus? vous parler de ma liberté menacée, de mon patrimoine compromis, des miens frappés dans leur affection la plus chère?

Qu'est-ce que cela, en comparaison d'une grande et sainte cause, et qu'importe le sort du soldat, si l'idée dont il porte la bannière, si l'idée marche? Et elle marchera, messieurs, cette idée généreuse! Acquittée, la démocratie entrera à la chambre non plus visière baissée, dissimulant son écu et sa devise, mais en conquérante, de par la double épreuve de l'urne électorale et de la Cour d'assises, la main sur la garde de son épée. Condamnée, l'idée marchera plus vite encore, puisqu'en France les sympathies sont pour le dévouement et contre la persécution.

Prononcez donc, messieurs; du moment que la cause que je sers, que la cause du peuple ne peut que gagner à cette alternative, prononcez; j'attends votre arrêt sans crainte, si contraire qu'il soit, et au prix même de ma liberté: ce n'est point pour moi qu'il serait une défaite.

Cette éloquente plaidoirie produit sur l'auditoire une sensation profonde à laquelle, malgré la présence de la Cour, succèdent bientôt de nombreux applaudissements.

MM. les conseillers se retirent pour délibérer. Il est une heure; à trois heures l'audience est reprise. M. le président prononce l'arrêt suivant:

« La Cour vidant son délibéré, attendu qu'il y a motif suffisant de suspicion légitime, renvoie l'affaire de la Cour d'assises de la Sarthe devant la Cour d'assises de Maine-et-Loire. »

M. LE PRÉSIDENT : Me Ledru-Rollin, la Cour n'a pas voulu interrompre votre plaidoirie; mais elle doit déclarer que si ce n'eût été par égard pour une défense qui vous était personnelle, elle n'aurait pas toléré les doctrines inconstitutionnelles que vous avez émises et les paroles irrespectueuses pour l'autorité judiciaire que vous avez fait entendre devant elle.

La foule s'écoule en silence.

NOTICE DE L'ÉDITEUR.

Le Dépôt central des écrits populaires a pour but de faciliter par la voie de la presse, et dans le cercle de la plus stricte légalité, tout appel à l'opinion publique, toute manifestation utile du vœu des citoyens, toute idée saine de réforme.

Vainement nos institutions ont pour base l'égalité devant la loi et la souveraineté nationale; une loi électorale en contradiction manifeste avec ces deux principes, le droit d'association proscrit, la presse dépouillée en grande partie du droit de discussion et de la garantie du jury, le droit de pétition tombé dans le mépris des Chambres, tout rend illusoire en ce moment la légitime défense de nos droits imprescriptibles.

La libre disposition de nous-mêmes et de ce qui nous appartient, le consentement et une juste compensation pour l'impôt et pour les services réclamés par l'Etat, seront-ils encore long-temps des mensonges; l'égalité, la fraternité entre les citoyens, la liberté, la sécurité pour tous, la satisfaction des premiers besoins pour le plus grand nombre un éternel sujet de désespoir, des promesses toujours violées? La propriété du travail et de l'industrie sera-t-elle sacrifiée sans cesse à ces propriétés parasites qui ne doivent leur existence qu'au travail et à l'industrie, et dont les priviléges condamnent à une misère perpétuelle les véritables producteurs de la richesse? L'impôt du sang et des veilles, si durement, si inégalement perçu, continuera-t-il d'être la proie de la trahison, de la lâcheté et de la paresse?

Toutes ces questions sont du ressort de la presse populaire; tous les efforts honnêtes doivent tendre sans cesse à la destruction des abus qu'elles signalent.

Beaucoup de vérités enfouies et comprimées n'en font que mieux sentir leur germe vigoureux; pour beaucoup d'autres, la serpe et la hache de l'arbitraire ont beau tailler et trancher, il n'y a pas de main habile qui tienne, les troncs d'arbres et jusqu'aux plus petites branches rendent à chaque instant la fécondité au champ dévasté de l'intelligence.

Souvent les écrits populaires ont offert à la souveraineté nationale un moyen de s'exercer. Leur influence a souvent conjuré des exigences honteuses et coupables; et si le pays quelquefois a déploré le silence de ses plus habiles écrivains, la faveur et le respect, dont il a entouré ses défenseurs les plus éloquents et les plus dévoués, a pu faire rougir des magistrats assez aveugles pour les avoir condamnés. Par la voie des écrits populaires, la révolte et la trahison peuvent être relancées avec succès jusque dans le sein des grands pouvoirs de l'État.

Virtuellement inviolable et sacré, le droit de la presse s'exerce depuis quelque temps sur une inviolabilité toute différente, soumise, on ne saurait trop le dire, à des conditions résolutoires. Il s'agit de discuter, non un principe bon ou mauvais, les lois de septembre s'y opposent, mais d'examiner les limites posées à ce principe que l'on a cru nécessaire de formuler dans la Charte, et qui n'en est pas moins soumis aux règles éternelles de la justice et de la raison.

L'initiative, pour l'examen de ces questions comme pour l'appréciation des faits qui les ont soulevées, a été prise par le Dépôt central avec une vigueur et en même temps une mesure et une prudence auxquelles les témoignages n'ont pas manqué. L'éditeur, honoré des suffrages d'un public nombreux, et même d'une partie de la magistrature, s'efforcera toujours de mériter la confiance des écrivains les plus dévoués au pays.

L'ÉGALITÉ,

JOURNAL POLITIQUE,

publiant tous les jours un feuilleton.

ABONNEMENT :

	Paris.	Départements.
Un an.	40 fr.	48 fr.
Six mois. . .	20	24
Trois mois. . .	10	12

On reçoit les promesses d'abonnement payables le 15 décembre, époque de la publication du Journal :

1° Au *Bureau provisoire du Journal*, rue Saint-Hyacinthe-Saint-Michel, 8

2° Au *Dépôt central des écrits populaires*, rue de Verneuil, 34 *bis*.

PARIS.—IMPRIMERIE DE BOURGOGNE ET MARTINET, RUE JACOB, 30.